AF261592

J. MIRÈS

MESSIEURS LES MEMBRES

DU

CORPS LÉGISLATIF

PARIS

IMPRIMERIE SERRIERE, 123, RUE MONTMARTRE

—

1870

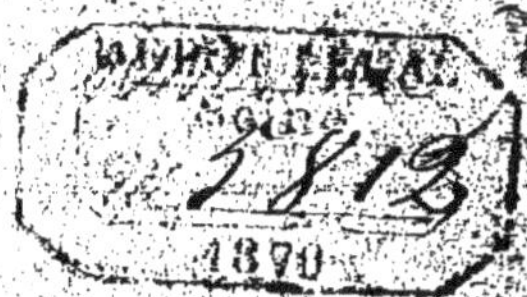

J. MIRÈS

A

MESSIEURS

LES

MEMBRES DU CORPS LÉGISLATIF

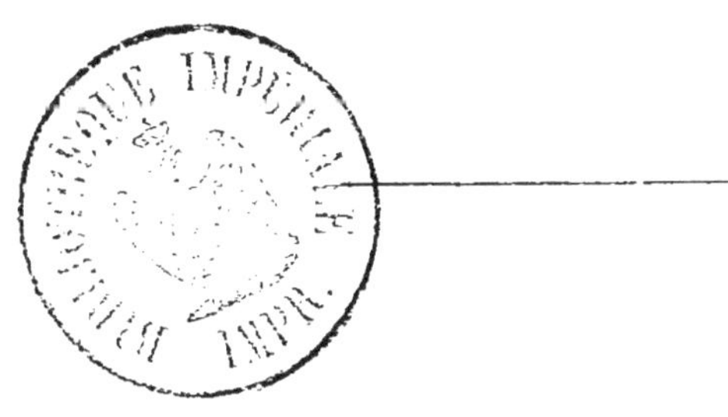

Messieurs les Députés,

La pétition que j'ai l'honneur de vous adresser n'a aucun caractère politique; elle n'a pour base ni pour but aucun intérêt mercantile. Ruiné, outragé par des poursuites sans cause et par des décisions sans excuse je ne réclame rien pour les ruines immenses semées sous mes pas; ma pétition ne poursuit qu'une réparation en faveur de mon honneur injustement atteint.

Cet appel à votre appui, je l'ai adressé à tous les degrés de la justice, et toujours en vain. Quatorze fois devant les tribunaux criminels et civils j'ai voulu l'examen des pièces fausses invoquées contre moi; partout et toujours j'ai vu sans cesse repousser, par des moyens dilatoires, cet examen que la loi et l'honneur commandaient.

1870

Ma cause est celle de tous les citoyens ; elle doit être défendue par tous les partis ; je vous demande de protéger, en ma personne, les intérêts sociaux les plus sacrés, l'honneur des citoyens, leur sécurité et leur fortune ! intérêts méconnus avec une persévérance criminelle par ceux même que la loi a investis du devoir de protéger la société.

§

Un jour, le 15 décembre 1860, par ordre du procureur général, M. Chaix d'Est-Ange, la justice fit irruption dans mes bureaux, apposa les scellés sur mes livres, détruisit en un instant l'établissement financier que je dirigeais, mit en péril les intérêts considérables qu'abritait mon nom et les grandes entreprises que j'avais fondées.

Cet acte de violence était-il commandé par la politique? Propriétaire de journaux du gouvernement, j'étais signalé plutôt comme un séide que comme un adversaire du pouvoir. Aucune raison d'Etat ne justifiait donc la conduite que je dénonce.

Cette poursuite était-elle motivée par une réclamation civile ou commerciale ? Non. Etait-elle provoquée par la plainte d'un actionnaire ou d'un créancier ? Non, mille fois non ! Il n'y avait aucun intérêt en souffrance ; pas une voix ne s'élevait contre moi ! Pourquoi donc cet acte, qui devait faire tant de malheurs et de ruines ?

Pourquoi ? Afin d'obtenir, en faveur de M. de Pontalba une somme d'environ deux millions, à laquelle il n'avait aucun droit ! En termes nets, pour favoriser une escroquerie combinée entre MM. de Pontalba et Gustave Chaix d'Est-Ange ! Cette escroquerie, le procureur général, M. Chaix d'Est-Ange, la favorisait en mettant au service de cette cause détestable les armes confiées par la loi à sa vigilance en faveur des citoyens !

Quels étaient les droits de M. de Pontalba ? Ces droits

étaient nuls. MM. Chaix d'Est-Ange père et fils peuvent-ils objecter qu'ils ont été trompés sur le caractère de ses réclamations? M. de Pontalba étant absolument sans droits, je défie MM. Chaix d'Est-Ange d'oser faire cette réponse. Prétendront-ils que leur religion a été surprise par des pièces que M. de Pontalba a fournies? Je leur donne encore ici un démenti formel. M. de Pontalba n'avait et ne pouvait avoir ni acte ni pièce établissant un droit quelconque! Et c'est précisément parce que le droit manquait que la violence fut employée.

§

En dehors de cette absence de prétexte, la situation et les projets de M. de Pontalba devaient inspirer plus qu'une profonde défiance, du mépris. Fondateur et administrateur de la Caisse des Chemins de fer, il était le tuteur des actionnaires dont il préparait la ruine! Cette intention dénotait une telle perversité, que plusieurs avoués refusèrent avec indignation un concours que M. Chaix d'Est-Ange fils donnait avec empressement!

Pour préciser cette affaire à son début, il suffit d'apprécier la conduite de M. de Pontalba; s'il était l'auteur principal, MM. Chaix d'Est-Ange père et fils étaient ses complices; la honte qui l'atteint doit les frapper. Or, cette conduite a été flétrie par le Tribunal civil de la Seine, dans son jugement du 28 août 1862; ce jugement condamne M. de Pontalba à restituer la somme qu'il n'a obtenue, dit le jugement, « que par la fraude et la violence. » Cette fraude, ainsi judiciairement attestée, d'où venait-elle? De l'accord entre MM. de Pontalba et Chaix d'Est-Ange fils! Et la violence? Du procureur général!

Voilà bien établi le point de départ de la lutte judiciaire que je soutiens; mais quel que soit le mépris que vous inspire la conduite de MM. Chaix d'Est-Ange père et fils, ce mépris ne serait pas suffisamment énergique, si je ne disais les entreprises fondées et les opérations financières qu'on allait détruire ou mettre en péril !

Cet exposé vous montrera l'étendue du mal commis par les hommes conjurés pour me perdre.

§

J'étais alors propriétaire des journaux :

Le *Constitutionnel* ;

Le *Pays* ;

La *Presse* ;

Le *Journal des chemins de fer*.

Je dirigeais la *Caisse des chemins de fer*, et sous ses auspices j'avais créé de grandes entreprises telles que les *Ports de Marseille*, les *Houillères du Gard*, les *Hauts fourneaux de Saint-Louis*, à Marseille, les *Usines à gaz de Marseille*, les *Chemins de fer romains*, le *Chemin de Pampelune à Saragosse*, etc., etc. J'avais, peu de temps avant, contracté avec l'Espagne un emprunt de 800 millions de réaux,

Enfin, le 29 octobre 1860, j'avais signé un contrat avec la Turquie relatif à un *emprunt nominal de 400 millions de francs*. Ce contrat avait été approuvé par le sultan le 18 novembre; et, le 11 décembre, avait été ouverte la souscription aux obligations représentant cet emprunt. Le succès certain de cette opération assurait aux contractants et à ma Société un bénéfice d'environ 80 millions.

L'ensemble de ces entreprises et de ces opérations financières représentaient un milliard, formant la fortune de 40,000 familles !

Au moment où je vais succomber, mon crédit avait atteint de si grandes proportions que le 14 décembre arrivaient de Constantinople à Londres 23 millions de traites à 90 jours tirées sur ma maison; ces traites furent escomptées en un instant à 2 0/0 d'intérêt par an.

C'est au sein de cette prospérité, quand la confiance en ma signature est sans bornes, lorsque gouvernements et particuliers partagent cette confiance, que le procureur général, M. Chaix d'Est-Ange, ordonne, le 15 décembre, une descente judiciaire dans mes bureaux et fait apposer les scellés sur mes livres !...

Mon crédit est aussitôt frappé sans retour, et toutes les entreprises que je patronnais sont compromises !

Le contrecoup se fit promptement sentir à Londres et à Constantinople; sur ces places, où ma signature était si recherchée le 14 décembre, elle n'inspira plus aucune confiance le 17 décembre, dès que l'événement judiciaire y fut connu.

Qui expliquera ce passage rapide comme l'éclair, d'une situation éclatante et prospère à une situation honteuse et misérable ? Quel motif pourra invoquer M. Chaix d'Est-Ange père pour justifier cette transformation, son œuvre? Aucun ! car l'unique *prétexte apparent* de sa conduite réside dans la dénonciation Pontalba, mais *la cause véritable* gît dans l'accord formé entre MM. Chaix d'Est-Ange fils et Pontalba, pour consommer l'escroquerie préméditée d'environ deux millions !

§

L'origine de cette affaire explique les faits qui suivent. Plus est grave et inique l'acte accompli, plus sont terribles les responsabilités ; quelle que soit la probité de ma gestion, il faudra que je reste accablé sous le mépris public ou sous la loi, afin que ma voix soit à jamais comprimée ! Vous avez là, messieurs les Députés, tout le secret de cette lamentable affaire.

Veuillez lire attentivement ma plainte au garde des sceaux contre l'ancien procureur général, plainte si dédaigneusement repoussée par ce ministre, et vous verrez à chaque page combien la culpabilité de MM. Chaix d'Est-Ange père et fils pèse sur les résolutions de la justice. Cette plainte, jointe au dossier, porte le numéro 1 ; elle vous initiera à la série d'actes qui se succèdent sans interruption pour amener ma condamnation et enfouir sous ce déshonneur, les responsabilités nées de la descente judiciaire opérée le 15 décembre ! Ces responsabilités se dressaient menaçantes contre le père et le fils Chaix d'Est-Ange ; me perdre, devint leur unique préoccupation !

J'entrevois l'objection : Comment, depuis si longtemps, avez-vous gardé le silence sur des faits aussi graves ? — Je ne suis pas resté silencieux ; je n'ai cessé au contraire, depuis dix ans, de réclamer, mais ma voix a été toujours étouffée par les efforts de la magistrature.

§

Ne sait-on pas que devant le tribunal correctionnel, en juillet 1861, j'ai protesté contre les erreurs de l'expertise Monginot et demandé une nouvelle expertise ? Ne sait-on pas que je fus condamné à cinq ans de prison, sans examen et malgré mes protestations contre le travail de cet expert ? Ne sait-on pas qu'en appel, devant la Cour, ma demande d'une expertise, renouvelée avec plus d'énergie, fut encore repoussée et la condamnation confirmée ? Depuis lors, j'ai saisi toutes les circonstances pour obtenir cet examen ; il m'a été constamment refusé. Ces tentatives se sont renouvelées quatorze fois, et quatorze fois j'ai vu mon droit, le droit le plus légitime, succomber ! Le récit de mes infortunes judiciaires vous dira la persistance de mes protestations ; ce récit montrera la magistrature sachant le crime à l'origine de cette affaire et se coalisant pour le cacher !

§

Je commence cette incroyable histoire à travers les tribunaux :

Ma plainte contre M. Chaix d'Est-Ange père vous a appris

que le *seul reproche* fait à ma gestion, vient des bénéfices consignés dans l'Annexe de l'expert Monginot ; bénéfices que les gérants de la Caisse des Chemins de fer auraient voulu procurer aux actionnaires de cette Société; bénéfices mensongers fabriqués par MM. Chaix d'Est-Ange et Monginot, et qui constituent précisément les faux dénoncés ! Vous avez également appris par cette plainte, que le Tribunal de Paris et la Cour, pour ce seul et unique fait, m'ont condamné à cinq ans de prison, et que cette condamnation fut prononcée au mépris des conclusions par lesquelles je demandais l'examen contradictoire de l'expertise.

Ces décisions furent cassées pour avoir négligé de répondre à la demande d'une expertise contradictoire.

§

L'affaire est renvoyée devant la Cour de Douai ; cette cour, par arrêt du 21 avril 1862, qui est au dossier sous le n° 2, a proclamé la probité de mes actes; elle m'a rendu l'honneur et la liberté ; son arrêt ordonne que tous mes livres et papiers soient remis entre mes mains.

Cette décision souveraine est violée, je ne puis recouvrer mes journaux le *Constitutionnel* et le *Pays*, et les liquidateurs restent, chez moi, en possession de mes livres et papiers!... Ils détiennent mon bien, et, malgré la volonté des actionnaires, ils détiennent leurs intérêts. Acquitté solennellement par la Cour de Douai, je semblais frappé de mort civile ! Hélas ! il n'était que trop vrai, comme l'écrivait le 20 février 1862, M. Jules Favre : « le pouvoir m'avait mis en dehors de la loi ! » Ah ! l'on n'eût pas agi de la sorte, si je n'avais été victime que d'une erreur ! Mais le crime effrayait les coupables !

§

On redoutait mes revendications ; l'arrêt de la Cour de

Douai s'imposait à tous et me rendait invulnérable. Pour briser cette entrave légale, consolider les abus, sauver le passé et couvrir d'un semblant de légalité l'outrage qu'on veut infliger à la majesté de la justice, le Parquet de Paris agit vigoureusement auprès du garde des sceaux, et il obtient un pourvoi dans l'intérêt de la loi!... Cette œuvre est si énorme, qu'on veut y préparer l'opinion.

Le Parquet prélude à ce pourvoi par une brochure anonyme contre l'arrêt de la Cour de Douai; je réponds à cette brochure; — (je joins, sous le n° 3 au dossier, la brochure renfermant cette réponse).

Le 28 juin 1862, la Cour de cassation rend, dans l'intérêt de la loi, l'arrêt qui anéantit le bienfait de l'arrêt de la cour de Douai! Il faut lire le réquisitoire de M. Dupin et la lettre du garde des sceaux, M. Delangle, pour se faire une idée encore imparfaite de la passion qui domine et de la colère qu'excite l'arrêt de la Cour de Douai!

En principe, les appels dans l'intérêt de la loi laissent complétement en dehors du débat la partie en cause; la raison, l'équité vulgaire dictent cette attitude : respecter la partie absente et ne pouvant se défendre est un devoir commandé par les plus élémentaires notions de l'équité. Ici il n'en sera pas de même, et, moi absent, je serai violemment outragé et je verrai moralement périr l'arrêt de Douai! Je serai libre, mais je resterai frappé! Et pourquoi cette violence? Pour tromper l'opinion et cacher le crime sous les efforts de la Cour suprême!

En songeant que le prétendu délit vient uniquement des faux commis de complicité par MM. Chaix d'Est-Ange et Monginot, ne voit-on pas la preuve que la magistrature sait le crime judiciaire et qu'elle voudrait l'ensevelir sous le poids et la grandeur de ses décisions?

§

A peine l'arrêt dans l'intérêt de la loi est-il rendu que j'y réponds dans une brochure intitulée : *Lettre à M. Dupin.*

procureur général à la Cour de cassation. Cette brochure est jointe au dossier sous le n° 4 ; vous y verrez mes protestations contre cet arrêt ; j'y démontre le crime judiciaire, et je signale les faux commis par l'expert Monginot !

Cette brochure est saisie ; une instruction est ordonnée ; elle est suivie d'une ordonnance de non-lieu, mais les exemplaires restent au Parquet, qui ne les rend pas ! Que voulait-on ? M'imposer le silence et anéantir mes protestations !

§

Je continue à poursuivre l'arrêt dans l'intérêt de la loi, et je demande à la Cour de Douai l'interprétation de son arrêt. Pour soutenir cet appel, je me rends dans cette ville, et je distribue ma *Lettre à M. Dupin.*

La colère du Parquet éclate, et, pour cette distribution, je suis condamné à un mois de prison pour délit de colportage ! Toujours l'effroi du bruit ! Toujours l'intimidation par la justice !

Cependant, la Cour de Douai, malgré la plus incroyable opposition du procureur général, M. Pinard, admet ma requête. Elle déclare qu'au nom de mon honneur j'ai le droit de lui demander d'interpréter un arrêt dont l'esprit a été méconnu par la Cour suprême.

Voici les termes de cet arrêt, rendu le 20 août 1862 :

Entre Mirès.

Demandeur en interprétation de l'arrêt de la Cour du 21 avril 1862, par requête présentée le 22 juillet dernier,

Et M. le procureur général près la Cour impériale de Douai.

M. le procureur général impérial a pris des conclusions tendantes à ce qu'il plaise à la Cour *interdire le compte-rendu du procès.*

La Cour s'est retirée, et après en avoir délibéré, M. le président, en audience publique, a prononcé l'arrêt suivant :

« La Cour dit qu'il n'y a pas lieu de faire droit aux conclusions prises
» par M. le procureur général et d'interdire la publication des débats. »

M. le président Daniel a fait son rapport dans lequel il a donné lecture de la requête ci-dessus énoncée.

M. le procureur général a ensuite pris et développé des conclusions *tendantes à ce qu'il plaise à la Cour déclarer la demande non-recevable et condamner Mirès aux frais.*

Me de Sèze, avocat de Jules Mirès, a pris et déposé des conclusions signées de Me de Beaumont, avoué, et de Mirès lui-même, tendantes à ce qu'il plaise à la Cour :

« Par les motifs repris en la requête en interprétation de l'arrêt de
» l'arrêt de la Cour de Douai du 21 avril 1862, jointe aux pièces de la
» procédure et sans s'arrêter aux fins de non-recevoir proposées par
» M. le procureur général,

»Déclarer recevable la demande en interprétation de l'arrêt du 21 avril
» dernier et dont il s'agit, et procédant à cette interprétation, dire que
» ledit arrêt, en ce qui concerne la personne de Mirès, *n'a point admis*
» *comme établis les faits retenus par le jugement du Tribunal de la*
» *Seine ; qu'il les a déniés, au contraire, notamment en déclarant en*
» *fait, par appréciation des termes des actes et de l'intention des*
» *parties, qu'aucun contrat de dépôt ou de nantissement n'était*
» *formé entre les trois cent trente-trois clients et la Caisse géné-*
» *rale des Chemins de fer, et que Mirès ne s'est approprié aucun*
» *prix de vente des titres au préjudice desdits clients,*

» Sous toutes réserves des droits et actions du demandeur,

» Subsidiairement,

» Par les motifs repris aux conclusions subsidiaires du sieur Mirès,
» qui seront déposées sur le bureau de la Cour avec ces présentes
» signées par lui,

» Plaise à la Cour :

» Pour le cas où elle aurait des doutes, soit sur la sincérité des dé-
» clarations de M. Mirès, soit sur la vérité des faits articulés par lui et
» relatés auxdites conclusions,

» Avant faire droit,

» *Dire qu'il sera sursis à prononcer sur les conclusions principales*
» *en interprétation jusqu'au jour où Mirès, en face de l'expert Mon-*
» *ginot, aura la faculté de montrer le véritable caractère de l'ex-*
» *pertise qui a servi de base à sa condamnation devant les premiers*
» *juges,*

» Sous les réserves les plus expresses de droit et d'équité. »

Me de Sèze a développé ces conclusions dans sa plaidoirie.

Jules Mirès a été ensuite entendu en ses observations.

La Cour s'est retirée en chambre du conseil pour délibérer.

A la reprise de l'audience publique, M. le procureur général a lu et déposé de nouvelles conclusions qui sont ainsi conçues :

« Attendu que l'arrêt rendu sur l'interdiction des débats, au début de » l'audience, a permis le compte-rendu, après la promesse faite que » la discussion serait convenable et modérée ;

» Attendu que la promesse n'a pas été tenue, et qu'en présence des » faits nouveaux qui se sont produits *il appartient à la Cour de rendre* » *un nouvel arrêt sur l'interdiction du compte-rendu ;*

» Conclut à ce qu'il plaise à la Cour :

» *Interdire le compte-rendu soit pour le tout, soit au moins à* » *partir du moment où Mirès a pris lui-même la parole.* »

Sur ces réquisitions et après en avoir délibéré, la Cour a rendu un arrêt en ces termes :

« Attendu que Mirès a déclaré rétracter les expressions violentes » qu'il avait proférées et maintient encore à nouveau cette rétractation ;

» La Cour dit qu'il n'y a lieu de faire droit au nouveau réquisitoire » de M. le procureur général, à fin d'interdiction du compte-rendu.

» Et retient l'affaire en délibéré pour l'arrêt être prononcé à l'au- » dience de demain ou à une audience ultérieure. »

Et, le mercredi 20 août 1862,

La cause continuée à ce jour ayant été appelée en audience publique.

En présence de Jules Mirès,

M. le président a prononcé l'arrêt suivant :

« La Cour, vidant son délibéré :

» En ce qui touche l'exception préjudicielle opposée par M. le pro cureur général ;

» Attendu que le recours en interprétation d'un jugement ou arrêt » bien que non écrit dans la loi, est admis par la jurisprudence et » repose sur cette règle de bon sens et d'équité, qu'il appartient au » juge qui a rendu la sentence d'en faire disparaître les obscurités » ou ambiguités portant préjudice au plaideur ;

» Attendu que les motifs peuvent, comme le dispositif, lui préjudi » cier ; que son intérêt existe lorsque la sentence n'est pas suffisam- » ment claire dans toutes ses parties et que dès lors le même recours » doit lui être ouvert à l'égard des uns comme à l'égard de l'autre ;

» Que cet intérêt peut même être plus considérable lorsqu'il s'agit

» de motifs qui touchent à l'honneur que lorsqu'il s'agit du dispositif
» qui ne règle que la question d'argent ;

» Attendu que la jurisprudence qui refuse l'appel ou le pourvoi en
» cassation pour les motifs seulement ne peut être invoquée contre une
» demande en interprétation qui laisse subsister la sentence en son
» entier, et qui n'a pour objet et pour effet que d'en faire disparaître
» les ambiguités ;

» Attendu qu'en matière correctionnelle, prohiber la demande en
» interprétation des motifs, serait la proscrire absolument ; qu'en effet,
» un jugement d'absolution n'a jamais besoin d'interprétation dans le
» dispositif qui renvoie des poursuites, tandis qu'il est du plus haut
» intérêt pour la partie acquittée, que les motifs soient parfaitement
» clairs et ne laissent aucun doute sur les causes de l'acquittement
» dont ils font en quelque sorte partie.

» Que se pourvoir en ce cas en interprétation de motifs, c'est de-
» mander aussi virtuellement l'interprétation du dispositif ;

» Par ces motifs,

» Sans s'arrêter à la demande en sursis,

» La Cour déboute M. le procureur général de son exception préju-
» dicielle en irrévocabilité et ordonne qu'il sera plaidé au fond ;

» Remet à cet effet l'affaire *au 3 octobre prochain.* »

§

Cette décision, empreinte des plus nobles sentiments, dit
aussi les craintes qu'inspire la publicité aux magistrats du
Parquet.

Le ministre de la justice prévoit les résolutions de la Cour
de Douai ; il prévoit que, le 3 octobre, elle réduira à néant
l'arrêt en faveur de la loi. M. Delangle veut conjurer ce
danger pour la dignité de la Cour suprême ; aussi, à peine la
Cour de Douai a-t-elle résolu qu'elle jugerait le fond et inter-
préterait son arrêt, le garde des sceaux se pourvoit contre
cette décision. L'arrêt du 20 août 1862, déféré à la Cour suprême, est cassé ! La Cour de Douai ne peut plus intervenir ;
elle ne peut plus me venger de l'outrage fait à mon honneur !
Voilà comment fut empêchée l'interprétation que des ma-

gistrats probes et honnêtes voulaient opposer à l'arrêt arraché par surprise à la Cour suprême, à des magistrats qui ne soupçonnaient pas le crime judiciaire auquel ils se sont involontairement associés.

§

Et ici, Messieurs, vous me permettrez une courte réflexion :

Deux fois, j'ai comparu, à Douai, devant des magistrats étrangers au ressort de Paris, et deux fois justice m'a été rendue. Cette justice aurait été éclatante, si l'on avait laissé la Cour rendre, le 3 octobre 1862, un arrêt d'interprétation.

A Paris, au contraire, je succombe toujours; n'est-ce pas la preuve que les magistrats de ce ressort se laissent influencer par des considérations opposées à la justice ! Ils veulent empêcher un grand crime judiciaire d'être dévoilé.

Il est facile de reconnaître, dans l'arrêt en faveur de la loi, dans la saisie de ma brochure *A M. Dupin*, dans ma condamnation pour distribution de cette brochure, ainsi que dans les efforts du procureur général, M. Pinard, pour éviter la publicité, il est facile de reconnaître, dis-je, la terreur que cette publicité inspirait.

Et pourquoi? parce que les magistrats du Parquet de Douai, comme ceux du Parquet de Paris, tous également placés sous la direction immédiate du ministre de la justice, savent le crime accompli; les uns et les autres redoutent qu'il soit révélé par des explications publiques.

§

Mes réclamations continuent.

Je veux réunir mes actionnaires, le Parquet de Paris s'y oppose, et ce n'est qu'après des difficultés inouïes que j'obtiens, en février 1864, l'autorisation de m'entendre avec mes associés. Une assemblée a lieu et, à l'unanimité, les actionnaires veulent la retraite des liquidateurs; ils demandent ma réinté-

gration. Le Parquet résiste à ce vœu unanime, et les liquidateurs, contre la volonté des actionnaires, restent chargés de
leurs intérêts ! L'arbitraire toujours !

§

En 1865, je mets un terme aux moyens ordinaires et j'attaque les véritables coupables ; je remets à M. le premier président à la Cour de cassation une plainte en forfaiture et en
faux contre MM. Chaix d'Est-Ange et Monginot ; je joins au
dossier, sous le n° 5, un exemplaire de cette plainte.

Ma résolution émut la magistrature, et des démarches furent faites près des miens ; je cédai aux sollicitations
de ma famille et retirai cette plainte.

Quelques mois après, le 20 mars 1866, en vertu de la
volonté des actionnaires, la Cour de Paris ordonne le départ
des liquidateurs, et décide que je serai replacé à la tête d'intérêts violemment et arbitrairement arrachés de mes mains.
Ces intérêts ! c'est ruinés, anéantis, qu'on me les restitue !

De 1860 à 1866, des changements sont survenus dans le
Parquet de Paris ; M. Chaix d'Est-Ange et ses aides n'y do-
minent plus et les nouveaux membres du Parquet ignorent
le crime de l'ancien procureur impérial ; à ce moment, la
tradition de l'affaire Mirès est abandonnée. En janvier 1869
cette tradition sera reprise avec ardeur par le nouveau procureur général, M. Grand-Perret. Mais n'anticipons pas.

§

En mai 1866, je deviens propriétaire du journal la *Presse*,
et, pour restreindre le terrain de la lutte, je limite mes cri-
tiques à l'expert Monginot. Je voulais amoindrir le débat et
laisser la magistrature en dehors de cette lutte. Il me sem-
blait que j'obtiendrais ainsi plus facilement la vérification des

faux. Je craignais de me heurter à un corps constitué, aussi considérable.

Pour atténuer les oppositions, je ne me contentai pas de circonscrire le débat à l'expert Monginot, je fis plus encore : des démarches eurent lieu auprès des principaux magistrats qui avaient joué un rôle plus ou moins actif dans cette déplorable affaire. Leur concours fut humblement sollicité en faveur de la légitime réparation que je poursuivais.

La forme de ces sollicitations leur a sans doute paru si humble qu'ils ont cru pouvoir impunément dédaigner ma prière, car ces démarches sont restées sans effet. Neanmoins et malgré cet insuccès je me bornai à diriger mes attaques contre l'expert Monginot. En conséquence, le 17 janvier 1869, je déposai contre cet expert une plainte en faux.

§

Je m'arrête un instant, et j'en appelle à tous les hommes honnêtes, pouvait-on montrer une modération plus grande ? Pouvait-on témoigner un plus grand respect pour la magistrature ? Je délaissais les véritables coupables, MM. Chaix d'Est-Ange père et fils, pour concentrer mes efforts contre un expert.

Ces dispositions, loin d'être encouragées, sont combattues ; le chef du Parquet de Paris, au nom de la magistrature, commence la lutte que j'ai voulu éviter ; M. Grandperret va volontairement l'étendre par l'opposition qu'il fait à ma plainte en faux contre l'expert Monginot.

L'affaire, limitée à cet expert, eût tout terminé sur-le-champ. L'Annexe où sont les faux eût été soumise à une investigation contradictoire, et la constatation des faits eût donné à mon honneur une légitime réparation, sans compromettre ni la justice, ni l'expert ; celui-ci pouvant être exonéré, en invoquant en sa faveur l'absence d'intention criminelle.

Ce résultat était à la disposition du Parquet ; le procureur général l'a dédaigné ; il a préféré me combattre et maintenir le crime ; pour ce faire, il s'est entendu avec l'expert Monginot ! Voilà comment la magistrature a été entraînée dans ce débat.

§

Sous l'empire de l'entente formée entre le Parquet et M. Monginot, ce dernier, le 23 janvier, répond par une citation pour diffamation et dénonciation calomnieuse, à ma plainte en faux déposée le 17 du même mois.

L'affaire vient à l'audience de la 6ᵉ chambre le 10 février 1869, et là encore se manifestent les intentions hostiles du Parquet. M. Aulois, avocat impérial, déclare que *jamais* l'instruction de ma plainte ne sera autorisée ; que *l'autorité de la chose jugée* couvre tous les actes accomplis, que ces actes sont définitifs, et que je dois être condamné pour avoir diffamé et dénoncé l'expert Monginot.

M. Aulois en imposait à la justice quand il invoquait la chose jugée. On l'a bien vu lorsque le procureur général, M. Grandperret, obtint plus tard de la Chambre d'accusation l'arrêt frauduleux du 23 juillet 1869, qui, par le mensonge, créait la chose jugée. Puisque par la fraude on créait la chose jugée, elle n'existait donc pas !

Le langage impudent du ministère public pour repousser ma plainte en faux, est la preuve d'une volonté arrêtée de faire obstacle à la justice que je réclamais.

§

Cette volonté déloyale du Parquet allait être relevée dans la *Presse*, et le débat allait passer du prétoire de la justice dans la publicité des journaux. On s'effraye de ce résultat ; on veut l'éviter, et sous la promesse que je garderai le silence, on promet que justice me sera rendue. J'ai cru à cette promesse et j'ai gardé le silence ! Le Parquet en profite pour diriger une instruction sans sincérité et pour obtenir de la Chambre des mises en accusation, le 23 juillet 1869, un arrêt abominable qui doit constituer la chose jugée contre moi!

Cette décision nie les faits les plus évidents; elle nie l'existence dans l'Annexe de prétendues ventes et de prétendus bénéfices, et cette négation mensongère dans un arrêt souverain devient la chose jugée! L'arrêt de la Chambre d'accusation est aux pièces sous le n° 6. Tel est le résultat que le procureur général, M. Grandperret, avait recherché.

§

Le procureur général a compris qu'en vertu de cet arrêt, l'autorité de la chose jugée me sera désormais partout opposée avec succès et empêchera à tout jamais la révision de l'Annexe et la réparation due à mon honneur! L'Annexe est au dossier sous le n° 7. La simple inspection de ce document montre le caractère criminel et odieux de l'arrêt de la Chambre d'accusation.

Cet arrêt obtenu, M. Grandperret croit que toute difficulté de ma part va cesser et que je resterai accablé sous cette décision inique et souveraine! Ainsi la fraude et le mensonge s'associent pour faire périr mes droits! La fraude et le mensonge constituant désormais une vérité légale contre moi, je succomberai partout et toujours; et, en effet, au nom de cet arrêt, j'ai succombé devant toutes les juridictions !

N'est-ce pas là, messieurs les Députés, le crime de forfaiture commis le 23 juillet 1869 par M. Berthelin, président, et les conseillers ayant avec lui composé la Chambre d'accusation? Ces magistrats ont évidemment rendu cet arrêt pour faire obstacle à la vérification des faux dénoncés !...

C'est donc à un arrêt indigne, à un déni de justice qu'aboutissait l'instruction de ma plainte en faux contre l'expert Monginot. Cette instruction et cet arrêt exonèrent l'expert

Monginot et me laissent courbé sous la flétrissure née de l'arrêt dans l'intérêt de la loi !

§

A ce moment, des démarches sont faites auprès de moi ; ON m'assure le concours du gouvernement en faveur des actionnaires de la Caisse des Chemins de fer. ON m'engageait même à rentrer dans les affaires. Ces dispositions me calment en me donnant l'espérance de vaincre enfin la résistance opposée à la vérification de l'Annexe de l'expert Monginot.

Sous cette influence je répondis le 26 juillet 1869, dans la *Presse*, à l'arrêt de la Chambre d'accusation du 23 du même mois. Cette réponse porte encore l'empreinte de mes efforts pour restreindre le débat et éloigner la magistrature d'un contact fâcheux avec l'expert.

Par cet article je protestais, il est vrai, contre l'arrêt de la Chambre d'accusation ; j'annonçais mon pourvoi devant la Cour de cassation ; mais voulant toujours limiter la lutte à l'expert Monginot, je n'adressais aucun reproche à M. Berthelin ni aux magistrats qui avaient avec lui signé ce funeste arrêt du 23 juillet.

J'apprends bientôt que cette conduite loin de désarmer la magistrature, va devenir un encouragement à l'iniquité ; j'apprends qu'une coalition s'est formée entre le Parquet de la Cour impériale et le Parquet de la Cour de cassation ; je suis averti que mon pourvoi sera rejeté !

Je devais dès lors m'expliquer nettement pour me protéger contre de nouvelles iniquités ; je fais appel à l'opinion.

§

A partir du 25 novembre 1869, j'adresse à M. Berthelin, président de la Chambre d'accusation, une série de lettres ; elles sont insérées dans la *Presse*. C'est alors, mais alors seulement, que je signale à l'opinion le caractère frauduleux de l'arrêt du 23 juillet 1869 ; c'est alors seulement que je dénonce au mépris public l'escroquerie du fils Chaix d'Est-Ange et la complicité du père dans les faux commis par l'expert Monginot.

N'avais-je pas assez souffert ? suis-je blâmable, après tant de douleurs imméritées, d'avoir hautement dénoncé le crime accompli par un magistrat sans conscience ? N'ai-je pas été provoqué à agir ainsi par la conduite du procureur général, M. Grandperret, qui, pouvant tout terminer honorablement et sans éclat, a préféré la lutte ?

Ces lettres à M. Berthelin montrent avec une évidence irrécusable le crime de l'ancien procureur général, M. Chaix d'Est-Ange ; je les ai réunies en brochure et me proposais de les mettre en vente. Ici encore éclate l'effroi de la publicité ; le Parquet fait saisir cette brochure, et, au mépris de tous droits, des milliers d'exemplaires sont abusivement retenus par le Parquet ! Un exemplaire est joint au dossier sous le n° 8.

L'arrêt Berthelin et cette publication que ma défense commandait vont devenir les nouveaux éléments de persécution ! Assassiné moralement avec des pièces fausses, je serai de nouveau poursuivi, condamné à la prison, à l'amende et à des dommages-intérêts envers l'un des faussaires, en vertu d'un arrêt frauduleux où la forfaiture s'étale insolemment ! Cet amas d'ignominies serait incroyable s'il n'était judiciairement attesté ! Il serait inexplicable, s'il ne tendait à couvrir un crime judiciaire !

A peine la *Presse* avait-elle commencé la publication des lettres à M. Berthelin, qu'on s'était effrayé des révélations ; il fallait à tout prix et même au moyen de poursuites solennelles, arrêter cette insertion qui dit les actes honteux de la magistrature !

Dans ce but, M. Berthelin et le procureur général, M. Grandperret, convoquent en assemblée générale les membres composant la Cour impériale de Paris; par délibération du 3 décembre, cette assemblée, malgré une très puissante minorité, décide que je serai poursuivi pour outrages à la magistrature dans la personne de M. Berthelin et des conseillers ayant avec lui signé l'arrêt du 23 juillet 1869. Ainsi s'agrandit le terrain !

Cette attitude de la magistrature encourage M. Chaix d'Est-Ange, et le 18 décembre il se décide à intervenir; il porte plainte en diffamation.

§

Ainsi, de toutes parts se multipliaient les poursuites contre moi, et pourquoi? Uniquement parce que j'ai dénoncé les faux qui me font grief! Or les magistrats, ne voulant à aucun prix la vérification de l'Annexe Monginot, c'est-à-dire des faux, le Parquet espère m'anéantir sous des condamnations répétées.

Suivant les inspirations de M. Grandperret, la magistrature de Paris, pour la défense de M. Chaix d'Est-Ange, déploie une énergie sans exemple; elle fait obstacle à la vérification qui dirait clairement le crime de l'ancien procureur général.

Voilà comment le débat s'est étendu de l'expert Monginot aux magistrats; ce scandale, le procureur général, M. Grandperret, l'a voulu et l'a provoqué avec une inconcevable imprévoyance.

§

De la Cour impériale le débat s'étend à la Cour de cassation. Je me suis pourvu contre l'arrêt frauduleux du 23 juillet 1869, et là je me vois dans la nécessité de récuser les magistrats qui, sans examen, m'ont condamné, le 29 août

1861, en s'appuyant précisément sur les bénéfices mensongers inscrits dans l'Annexe.

Ces récusations ne sont admises qu'en partie ; toutefois, elles amènent la discussion sur des points dangereux pour l'honneur de plusieurs magistrats ! Elles font revivre l'iniquité ! Mais pouvais-je éviter cette discussion ? Le procureur général en la provoquant n'est-il pas la cause véritable du mal ?

Le 8 janvier 1870, la Cour de cassation rejette mon pourvoi contre l'arrêt Berthelin, et je suis dès lors légalement atteint et convaincu : 1° d'avoir outragé les membres de la Chambre d'accusation ; 2° d'avoir diffamé et calomnieusement dénoncé l'expert Monginot, en signalant le mensonge dans un arrêt et les faux dans une expertise ! Vous voyez d'ici, messieurs les Députés, la kyrielle de condamnations qui va suivre.

§

Alors commencent les poursuites pour outrages à la magistrature, ordonnées par les Chambres réunies de la Cour.

Je réponds à ces poursuites par des conclusions signalant les illégalités commises dans la procédure ; c'est en vain, le Tribunal repousse ces conclusions.

Je veux, par de nouvelles conclusions, montrer l'imposture et la forfaiture contenues dans l'arrêt du 23 juillet 1869. Cette preuve, la loi l'autorise. Le tribunal, arbitrairement, m'interdit de présenter ces conclusions ; ma défense est abusivement entravée, et, sans examen, je suis condamné à six mois de prison et à l'amende. Ce jugement est aux pièces sous le n° 9.

Autre iniquité : Au moment où la Cour impériale va statuer, je demande à la Cour de cassation le renvoi devant une autre Cour pour cause de suspicion légitime ; je dis dans ma requête qu'ayant participé à la délibération qui a voulu les poursuites pour outrages envers M. Berthelin et ses collègues, les mêmes magistrats ne pouvaient connaître de cette affaire, puisqu'ils seraient alors juges et parties.

Ce pourvoi, les notions les plus élémentaires de la justice veulent qu'il soit admis; il n'en est rien! La cause, si grave, de suspicion ne semble pas suffisante, et la Cour suprême rejette mon pourvoi en déclarant insuffisants les motifs de suspicion !

§

Je vais donc comparaître devant des magistrats qui sont juges et parties. Il semble que cette situation leur imposera quelque respect humain ; ils n'en auront aucun.

Devant la Cour impériale, comme je l'avais fait devant le Tribunal, je pose des conclusions et j'offre la preuve que je n'ai point outragé les magistrats, que je me suis seulement défendu. J'ai dit qu'en affirmant, dans cet arrêt, que l'annexe ne dit pas un mot des ventes et des bénefices, la Cour a menti impudemment, et que ce mensonge constitue la forfaiture que j'ai dénoncée à l'opinion. La preuve de cette forfaiture la loi l'autorise, elle est néanmoins réfusée, et je reste condamné à six mois de prison et à l'amende. Le gérant de la *Presse* et son imprimeur sont également condamnés à la prison et à l'amende !

L'acharnement de la magistrature pour empécher la vérification de l'annexe n'a pas de bornes; pour mesurer cet acharnement, il faut lire cet arrêt de condamnation, rendu le *28 avril 1870!* Il est inséré dans la *Gazette des Tribunaux* du 20 mai 1870; il est au dossier sous le n° 10, je le résume :

§

Mes conclusions attestent les irrégularités de la procédure et veulent sa nullité ; la Cour impériale par un arrêt rejette ces conclusions.

Cet arrêt rendu, je veux me pourvoir en cassation et je demande un sursis; la Cour, par un nouvel arrêt, refuse ce sursis et me condamne, *par défaut*, à six mois de prison !

Un pourvoi est aussitôt formé contre l'arrêt qui a rejeté mes conclusions tendant à la nullité de la procédure et contre l'arrêt qui a refusé le sursis.

Ces pourvois sont suspensifs, et je veux jouir du bénéfice de la loi ! cette faculté m'est encore refusée par un arrêt, et les poursuites continuent sans interruption.

Je suis aussitôt assigné en débouté d'opposition à l'arrêt *par défaut*, qui me condamne à six mois de prison ; l'affaire revient le 23 avril 1870.

Mes conclusions demandent encore un sursis jusqu'à ce que les pourvois formés devant la Cour de cassation soient jugés. Par un arrêt, la Cour refuse encore ce sursis. Elle veut juger le fond !

L'affaire revient le 28 avril; nouvelle demande de sursis à raison de la plainte en forfaiture portée contre M. Berthelin et consorts, plainte adressée le même jour, 28 avril, à S. Exc. le garde des sceaux; elle est au dossier, sous le n° 11.

Nouvel arrêt qui rejette.

Je déclare que je vais me pourvoir, et je demande un sursis; un cinquième arrêt rejette ce sursis.

Enfin, après ces échecs multipliés, je dépose des conclusions afin d'être autorisé à faire la preuve des faits que j'ai allégués contre MM. Berthelin et consorts ; ces faits sont faciles à vérifier ; les voici :

Les magistrats qui ont signé l'arrêt du 23 juillet 1869 soutiennent que l'Annexe Monginot ne dit pas un mot des ventes. Cette Annexe est dans vos mains, messieurs les Députés, comme elle était sous les yeux de la Cour; elle atteste si formellement les ventes et les bénéfices invoqués pour me condamner et pour justifier l'arrêt dans l'intérêt de la loi, qu'il est impossible de nier en même temps l'imposture audacieusement inscrite dans cet arrêt, et la forfaiture commise par les magistrats qui l'ont signé. Le débat sur les faits va tourner à la honte de la justice.

La Cour redoute ce résultat, et, au mépris de la loi, elle rend un arrêt qui refuse d'admettre la preuve. Par cet arrêt, elle confirme encore *par défaut* les condamnations déjà prononcées. De sorte que sans avoir pu me défendre , je suis définitivement condamné à six mois de prison et à l'amende par deux arréts *par défaut!*

Tel est l'arrêt du 28 avril 1870, qui va devenir un instrument de persécution contre moi.

§

La Cour de cassation est actuellement en possession des pourvois que j'ai formés ; mais d'après les dispositions connues du Parquet et de la Chancellerie , mes chances de succès sont douteuses ; malgré la loi, mes droits resteront anéantis, si vous ne me protégez pas contre l'iniquité sans exemple qui me menace encore.

§

Après la condamnation à six mois de prison, pour outrages envers M. Berthelin, viennent les procès faits par MM. Monginot et Chaix d'Est-Ange. Le succès de ces procès repose sur l'arrêt Berthelin du 23 juillet 1869 ; cet arrêt disant que l'Annexe ne contient ni ventes ni bénéfices, il n'y a donc pas de faux ! S'il n'y a pas de faux, je suis véritablement un diffamateur envers MM. Chaix d'Est-Ange et Monginot. Que devais-je faire ?

A l'égard du procès Monginot, mettre l'Annexe sous les yeux du Tribunal et offrir de prouver les faux commis par cet expert. Cette preuve, je l'ai offerte, le Tribunal a refusé de l'admettre, et, sans examen, m'a condamné à la prison, à l'amende et à 25,000 fr. de dommages-intérêts au profit de cet expert !

Et sur quel motif le Tribunal se fonde-t-il pour me condamner ? Sur l'arrêt frauduleux et mensonger rendu le 23 juillet 1869 par M. Berthelin !

J'ai fait appel, et devant la Cour, j'ai encore offert la

preuve des faux. Par arrêt du 19 mai, cette demande a été rejetée !

J'ai demandé un sursis à cause du pourvoi formé contre le refus d'admettre la preuve ; un nouvel arrêt refuse ce sursis, et la Cour, *par défaut*, confirme les condamnations à la prison, à l'amende et aux dommages-intérêts prononcées au profit de l'expert Monginot !

§

Après les condamnations à la requête de MM. Berthelin et Monginot, vient le procès en diffamation intenté par M. Chaix d'Est-Ange.

Devant le Tribunal correctionnel j'ai offert la preuve que cet ancien procureur général s'est rendu coupable à mon préjudice de prévarication, de forfaiture et de faux ; cette offre est repoussée sans examen, et le Tribunal me condamne, *par défaut*, à quatre mois de prison pour délit de diffamation.

J'ai appelé, et l'affaire est venue le 15 juin, devant la Cour.

A cette audience, des certificats ont été produits attestant mon état de maladie et l'absence motivée de l'imprimeur. La Cour, nonobstant ces certificats, refuse une remise, et rend un arrêt qui confirme *par défaut* la condamnation *par défaut* prononcée par le Tribunal correctionnel.

§

Cet arrêt offre cette particularité étrange, qu'il contient la défense de MM. Chaix d'Est-Ange père et fils, défense présentée non pas à l'audience et contradictoirement, mais *secrètement* en chambre du conseil et sans la présence des parties ! Il ressort encore de cette décision que l'ancien procureur général a été un *magistrat intègre*, que son fils a fait preuve « *d'une délicatesse scrupuleuse,* » et que j'agis *de*

« *mauvaise foi* ». Il semble que les magistrats ont voulu tout finir par un bouquet à l'adresse de l'un des leurs, M. Chaix d'Est-Ange, aujourd'hui sénateur !

Toutefois, cette défense a ce côté curieux, qu'elle fournit la preuve irrécusable que mes accusations d'escroquerie contre le fils, de prévarication, de forfaiture et de faux contre le père sont parfaitement fondées. Je vous demande la permission de discuter cet arrêt, et vous serez ainsi plus que jamais convaincus de la justice de ma cause et de l'indignité de mes adversaires.

Cette discussion terminée, le récit des persécutions judiciaires sera à peine achevé ; car il faut que vous sachiez, messieurs les Députés, l'abominable projet formé par la magistrature de Paris ! Ce projet a pour base :

1° L'arrêt du 23 juillet 1869, qui nie les faux consignés dans l'Annexe Monginot ;

2° L'arrêt du 15 juin 1870 qui proclame l'honneur du père Chaix d'Est-Ange et la délicatesse scrupuleuse du fils.

C'est donc au moyen de ces arrêts d'une incontestable indignité, qu'un plan a été résolu contre moi ; ce plan a pour base des décisions tellement méprisables, qu'on ne trouve pas d'expressions pour les qualifier ! Ce plan, le voici :

Nul n'ignore la puissance du principe de la chose jugée ; en vertu de ce principe, les deux arrêts des 23 juillet 1869 et 15 juin 1870 seront l'arche sainte qu'invoqueront désormais MM. Chaix d'Est-Ange, Monginot et la justice ! On espère sous ces arrêts faire périr mes droits contre le crime judiciaire que je dénonce ; on espère sous ces décisions abjectes, ensevelir mon honneur !

§

Vous savez, Messieurs, le mépris que mérite l'arrêt du

23 juillet 1869. Je dois vous faire connaître le dégoût qui s'attache à celui du 15 juin dernier :

Rédigé en faveur de MM. Chaix d'Est-Ange père et fils, il mérite cette première observation : que cet arrêt qui est pourtant leur défense ardente et dévouée, ne renferme pas un mot de nature à excuser l'escroquerie commise par le fils Chaix d'Est-Ange, ni la descente judiciaire du 15 décembre 1860, ni enfin la mise sous scellés de mes livres ! Ces actes sans cause et sans prétexte resteraient inexpliqués et inexplicables si l'on ne savait l'entente entre MM. de Pontalba et Chaix d'Est-Ange père et fils pour consommer une escroquerie au préjudice des actionnaires de la Caisse des chemins de fer.

Après avoir signalé le silence de cet arrêt sur les actes personnels et intéressés de MM. Chaix d'Est-Ange père et fils, je dois faire cette autre remarque tout aussi caractéristique :

§

Par une contradiction singulière qu'on ne devrait pas rencontrer dans un arrêt, la Cour me refuse de faire la preuve contre l'ancien procureur général, mais elle permet à cet ancien magistrat de faire la preuve contre moi ! Et quelles preuves ! Je n'ai pas le droit de prouver que M. Chaix d'Est-Ange fut un magistrat sans conscience, qu'il s'est rendu coupable de prévarication, de forfaiture et de faux, mais lui, contre moi, pourra avec effronterie outrager la vérité ! Voilà comment est entendue la dignité de la magistrature ! Voilà comment en ma personne la liberté de la défense est respectée !

Heureusement, la discussion de cet ignoble arrêt démontre victorieusement la vérité de mes accusations, vérité qui eût été depuis longtemps attestée, si, comme ils le devaient, les magistrats avaient autorisé la vérification de l'*Annexe* et permis la preuve des faits que la loi autorise.

Mes accusations contre M. Chaix d'Est-Ange étant nettement formulées et justifiées dans ma plainte ci-jointe, je me borne à discuter sa défense, c'est-à-dire l'arrêt du 15 juin dernier.

Signaler l'iniquité de cet arrêt est d'une nécessité impérieuse, car je dois me défier de *ceux* qui pourraient tenter de tromper le Corps législatif, en opposant à mes réclamations l'autorité de la chose récemment jugée par la Cour impériale. Détruire cette objection en faisant connaître ce que la Chambre des appels a jugé *par défaut*, est donc indispensable.

§

Je rappelle d'abord que M. Chaix d'Est-Ange, par une plainte en date du 18 décembre, ayant prétendu qu'il avait été diffamé, a ainsi provoqué la poursuite qui a amené l'arrêt du 15 juin.

En réponse à cette plainte, et usant de la faculté que me donne la loi, j'ai offert la preuve des faits allégués. Cette offre est consignée dans les conclusions prises devant le Tribunal et devant la Cour; voici ce que disent ces conclusions :

En ce qui concerne le crime de *prévarication* :

1re *articulation* — Que la dénonciation Pontalba a pris naissance dans le cabinet de M. Chaix d'Est-Ange, fils du procureur général, et qu'elle a été rédigée d'après les renseignements fournis par l'ancien chef de la comptabilité de la Caisse des chemins de fer, le sieur Barbet-Devaux.

2e *articulation*. — Qu'à cette époque MM. Chaix d'Est-Ange père et fils habitaient ensemble et *avaient une existence et une caisse communes*.

Que répond M. Chaix d'Est-Ange? Je cite l'arrêt :

Sur l'origine de cette affaire, sur ma première articulation, sur l'escroquerie organisée par son fils, l'ancien procureur général garde le silence! Sur ma seconde articulation, que dit-il? « Qu'il n'y avait aucune communauté d'intérêts entre le père et le fils, et pour le prouver, il produit le registre tenu par Mme Chaix d'Est-Ange, registre qui a acquis par sa mort, dit l'arrêt, une date certaine ; à cette époque (décembre 1860), ajoute l'arrêt, le père de famille payait à son fils, alors *jeune avocat*, une pension mensuelle de 300 francs, laquelle est régulièrement inscrite à sa date. »

Ce livre de dépenses a été communiqué, il prouve que le payement mensuel, fait au fils par le père, n'est que de deux cents francs par mois ! Pourquoi ce mensonge ? Parce que le chiffre de 200 fr. par mois révélait trop clairement l'association entre le père et le fils ?

En effet ce payement de 200 fr. par mois à celui qui est en possession du riche cabinet du père Chaix d'Est-Ange, n'est-il pas la preuve évidente d'une association de fait pour l'exploitation de ce cabinet ? Cette association était ancienne ; elle remontait à 1856, époque où le père devint procureur général. Depuis quatre ans, le fils n'était, qu'en apparence, en possession de tous les revenus du cabinet, et ces revenus étaient considérables.

Qui donc ignore au palais qu'en 1856, lorsque M. Chaix d'Est-Ange fut nommé procureur général, il laissa à son fils son cabinet et la survivance des avantages qu'il a longtemps recueillis comme avocat de la liste civile, comme conseil attaché à la Ville et à l'Opéra? Or, ces avantages annuels venant de cette triple fonction dépassent 30,000 fr.! On sait, en outre, les efforts du père pour assurer au fils la riche clientèle des agents de change de Paris; enfin, il est avéré que le cabinet de M. Chaix d'Est-Ange a pris une extension plus grande par suite de la protection du procureur général en faveur des anciens et des nouveaux clients.

Ainsi la preuve fournie par M. Chaix d'Est-Ange lui-même, atteste que les bénéfices faits à divers titres par le jeune avocat n'ont pas cessé d'être la propriété du père. Celui-ci restait chargé de toutes les dépenses communes et il fournissait 200 francs par mois à son fils. Dès lors la caisse,

comme l'existence, était commune entre eux! M. Chaix
d'Est-Ange aurait-il payé une pension annuelle de 2,400 fr.
à son fils, si celui-ci avait conservé les bénéfices du cabinet
qu'il tenait de son père ? Évidemment non.

§

Je continue à reproduire mes conclusions sur la prévarication :

3e articulation. — Qu'il fut alors formé un accord entre les sieurs
Pontalba et Chaix d'Est-Ange fils ; par cet accord, ce dernier devait
procurer à son client le succès des réclamations sans fondement qu'il
dirigeait contre la Caisse des chemins de fer.

4e articulation. — Que ces réclamations ou prétentions, portées
plus tard, en 1862, devant la juridiction civile, ont été repoussées par
un jugement qui les flétrit et qui condamne Pontalba à rembourser la
somme de 1,700,000 francs, obtenue, dit le jugement, « par la violence
et la fraude. »

5e articulation. — Que sur cette somme frauduleusement extorquée, 50,000 fr. ont été comptés à M. Chaix d'Est-Ange et à M. Sénard.

Ces articulations, je les maintiens et j'offre d'en faire la
preuve ; M. Chaix d'Est-Ange ne dément ni la troisième, ni
la quatrième ; il ne conteste même pas la cinquième ; il la
confirme.

Voici sa réponse consignée dans l'arrêt :

« Que M. Chaix d'Est-Ange fils avait plaidé pour M. de
Pontalba différentes affaires à Senlis et à Amiens ; qu'il *n'a-
vait pas reçu d'honoraires*, que M. de Pontalba, lorsqu'*il eut
reçu les fonds de la transaction*, lui apporta sous enveloppe
une liasse de billets de banque ; qu'après son départ, cette enveloppe ayant été déchirée par M. Chaix fils, celui-ci trouva
la somme trop élevée, renvoya 10,000 francs et en garda
10,000. »

Le payement de 50,000 francs n'est pas démenti, et
l'ancien procureur général avoue l'origine honteuse des fonds
reçus par son fils! Seulement, le payement de 50,000 fr. est

réduit à 40,000 fr., le fils ayant fixé à 10,000 fr. sa part dans cette aubaine de mauvais aloi.

Le procureur général ne pouvait démentir le payement de 50,000 fr., car la preuve sera faite que ledit payement fut réparti comme suit :

A l'avocat Senard, rédacteur de la dénonciation, et qui a été procuré à Pontalba par le fils Chaix d'Est-Ange   30.000 fr.

Au conseil, c'est-à-dire à Chaix d'Est-Ange fils, qui, par son père, avait assuré le succès de cette dénonciation. 20.000 fr.

Ensemble. . . . . . . 50.000 fr.

Sous un autre rapport, M. Chaix d'Est-Ange père reconnaît encore la vérité de mes déclarations, car voici ce qu'il ajoute et ce qui est dans l'arrêt : « Que le fils Chaix *voulut se dégager de l'affaire Mirès-Pontalba...* et qu'il adressa M. de Pontalba à un autre avocat » (M° Senard). Et pourquoi se dégager ? Pourquoi dissimuler sa présence dans cette affaire, si elle est honorable ? Ah ! il ne voulait pas se dégager quand il secondait, par des actes personnels, les projets criminels de Pontalba ! Quand dans ses conciliabules avec les délateurs Barbet-Devaux et Pontalba, il préparait, avec ces misérables, l'œuvre de spoliation qu'il a réalisée !...

Il est vrai que bientôt le père et le fils s'effrayent de ma résistance. Je ne veux rien accorder à M. de Pontalba, et cette résistance, qu'ils n'avaient pas prévue, met dans un grand embarras et le père et le fils. Ils sentent combien est fausse leur situation ; ils veulent bien favoriser Pontalba, mais ils craignent que leur complicité ne soit trop apparente si le fils agit seul. Pour ce motif, le fils Chaix conduit Pontalba chez l'avocat Senard. Telle est la vérité, et cet aveu est dans l'arrêt !

Quant au payement de 50,000 fr. effectué par Pontalba, et qui n'est plus contesté, ce payement évidemment ne pouvait solder des honoraires d'avocat puisqu'on n'avait pas plaidé! Que payait-on? Etait-ce la rédaction d'une dénonciation? Evidemment non. M. de Pontalba, en remettant 50,000 francs à ses conseils, MM. Chaix d'Est-Ange fils et Senard, récompensait les complicités qui lui avaient procuré un bénéfice de 1,700,000 fr.

§

La suite de mes conclusions sur la prévarication, confirme et démontre ces complicités ·

6° articulation — Que cette somme était évidemment destinée à payer une complicité et non des honoraires d'avocat.

7° articulation — Que cette complicité s'est révélée par les efforts faits personnellement par M. Chaix d'Est-Ange fils pour forcer Mirès à payer à Pontalba la somme réclamée.

8° articulation — Que cette complicité s'est plus fortement accentuée par l'appui donné aux réclamations déloyales de Pontalba par le procureur général, facilitant de la sorte les affaires de son fils.

9° articulation — Que la dénonciation Pontalba ne reposait sur aucune base sérieuse et n'était qu'une manœuvre pour obtenir, par la menace et la contrainte, un payement illégitime.

10° articulation — Que ni à cette époque, ni plus tard, ni jamais, il ne s'est élevé aucune réclamation contre la Caisse des chemins de fer ni contre ses gérants; que cependant, par le plus scandaleux abus de l'autorité judiciaire dirigée par le procureur général, le 15 décembre 1860, une descente de justice eut lieu dans les bureaux de la Caisse des chemins de fer, et les scellés furent posés sur les livres.

11° articulation — Que cette mesure inouïe n'avait qu'un but : contraindre Mirès à subir les exigences de Pontalba ; qu'en effet, le 15 décembre, la descente judiciaire avait lieu ; le 16, Mirès cédait ; le 17, Pontalba se désistait ; le 18, Mirès payait, et, le 19 seulement, les scellés étaient levés !

Que répond l'ancien procureur général à ces articulations précises dont j'offre de faire la preuve? Rien! La cour imite ce silence et n'oppose pas l'ombre d'une excuse à ces graves accusations; accusations qui attestent les agissements du fils et l'action du père !

Ne pouvant rien opposer aux faits, l'ancien procureur général tente de sauver son fils d'une honte méritée. Voici en quels termes il s'exprime, et, chose étrange et qui montre de la part de la Cour une fâcheuse condescendance envers un ancien collègue, l'arrêt reproduit la défense *secrète* du fils présentée par le père :

« Qu'il existe une preuve irrécusable de la délicatesse apportée dans cette affaire par M. Chaix d'Est-Ange fils ; qu'en effet, il a été produit une lettre du bâtonnier de 1861, décisive sur ce point, qu'il y est expliqué « que le *bâtonnier de 1861*
» ne trouve *dans ses souvenirs* que des raisons d'intérêt et
» de sympathie pour le jeune avocat... *Qu'ayant examiné*
» *sa conduite, à propos des attaques acharnées* dont il était
» l'objet et après UNE INVESTIGATION APPROFONDIE, il était
» resté convaincu qu'elle avait été en tous points conforme
» aux règles de la plus scrupuleuse délicatesse ; que cette
» opinion n'est pas seulement la sienne, qu'elle est celle de
» tous ses confrères, et qu'elle le défend assez contre de ca-
» lomnieuses attaques, pour qu'il se borne à leur opposer le
» dédain d'un honnête homme. »

Quelle est la date de cette lettre ? L'arrêt ne le dit pas, mais vérification faite, il est certain qu'elle a été écrite pour le besoin de la cause : elle porte la date du 8 avril 1870. Sans doute M. Chaix-d'Est-Ange n'en a pas soumis le texte à la Cour, ni indiqué sa date, car des magistrats ne se seraient pas permis de faire une reproduction véritablement infidèle par les suppressions dont cette lettre a été l'objet.

Elle débute ainsi :

Vous faites appel à mes souvenirs d'ancien bâtonnier et je les consulte d'autant plus volontiers, que je n'y trouve que des raisons d'estime et de sympathie pour vous.

Vers 1861, vous étiez poursuivi par des récriminations acharnées. J'ai dû examiner votre conduite. Après une investigation approfondie, je suis resté convaincu qu'elle avait été, en tous points, conforme aux règles de la plus scrupuleuse délicatesse.

Pourquoi M. Chaix d'Est-Ange a-t-il supprimé ce début ?

Parce qu'il a craint d'affaiblir l'autorité de ce certificat en montrant qu'il a été provoqué et fait pour la cause.

Pourquoi a-t-il supprimé la date ? Pour qu'on ne vît pas qu'elle avait été préparée pour dispenser l'avocat sans pudeur de me répondre, comme son père, le magistrat sans conscience, avait obtenu du Sénat de garder le silence.

Cette lettre est encore instructive sous un autre aspect; le bâtonnier, alors M. Jules Favre, dit nettement qu'il a fait en 1861 « à propos d'attaques acharnées, dont le fils Chaix avait été l'objet, une investigation approfondie. »

Or, d'après la reproduction de cette lettre, il semblerait que cette investigation est récente; il n'en est rien; c'est de 1861 que parle M. Jules Favre. M. Chaix d'Est-Ange père a donc fait introduire par surprise, dans un arrêt, une confusion destinée à tromper l'opinion et à protéger son fils du mépris qu'il mérite.

§

Quelle est, en réalité, la signification de cette lettre :

M. J. Favre dit avoir fait, en 1861, une *investigation approfondie* de la conduite de M. Chaix d'Est-Ange fils à l'occasion des récriminations acharnées dont il était l'objet.

Or, à cette date, aucune des accusations actuelles ne s'était encore produite ; j'étais sous les verroux à Mazas, et nul pour moi ne se fût avisé d'attaquer dans leur puissance ni le père ni le fils ! N'importe ! Admettons cette investigation; comment M. J. Favre est-il « resté convaincu que la » conduite du jeune avocat fut en tous points conforme aux » *règles de la plus scrupuleuse délicatesse ?* »

L'ancien bâtonnier ignorait certainement que pas une pièce, pas un acte n'établissait les droits de M. Pontalba. Il ignorait que Pontalba était, en qualité de fondateur et administrateur de la Caisse des chemins de fer, le tuteur des actionnaires

qu'il voulait spolier. Il ignorait que le succès de cette spoliation reposait uniquement sur le chantage, sur la menace de
poursuites criminelles et sur l'intervention du procureur général. Il ignorait les démarches et les menaces personnelles
de M. Chaix d'Est-Ange fils pour me déterminer à payer ce
qui n'était pas dû. Evidemment M. Jules Favre n'avait pas lu
la dénonciation Pontalba rédigée par ses conseils, et dans
laquelle on fait tenir ce langage au tuteur infidèle contre ses
pupilles ! « Je sais que tout sera perdu et les actionnaires
ruinés, le jour où la justice aura mis le pied dans les bureaux
de la Caisse des chemins de fer !...»

En outre, en 1861, la justice n'avait pas rendu le jugement
qui, le 28 août 1862, condamne Pontalba à restituer la
somme extorquée par « la fraude et la violence ; » il ignorait
que la fraude venait du fils et la violence du père! Le bâtonnier ne pouvait donc savoir la vérité sur cette affaire. Et si en
effet une investigation fut faite en 1861, elle dut être bien
incomplète. Je défie M. Chaix d'Est-Ange fils de provoquer
aujourd'hui, sur les faits divulgués, l'investigation de 1861 ?
Il ne l'osera pas.

Je ne saurais assez le répéter, en 1861, j'étais sous les
verroux, à Mazas, préoccupé de la défense de mon honneur
et de ma liberté, et je n'avais alors dirigé aucune attaque
contre M. Chaix d'Est-Ange fils. Les souvenirs du bâtonnier sont donc insuffisants pour apprécier la conduite de
cet avocat, et, je l'affirme, sans crainte d'être démenti, les
faits, la conduite et les actes du fils Chaix d'Est-Ange étaient,
en 1861, absolument ignorés de M. J. Favre. Qui les lui aurait révélés? Ce ne sont pas assurément ceux qui, en avril
1870, sont allés extorquer de sa complaisance de confrère ce
brevet de moralité ?

§

J'ai bien des raisons de croire que M. Jules Favre, quand il donnait le 8 avril dernier cette attestation à un confrère, avait oublié cette lettre qu'il m'écrivait le 20 février 1862 :

A monsieur J. Mirès

J'ai parcouru les documents que vous m'avez envoyés, je me suis p nétré des obligations imposées pour votre défense, et je suis arrivé xactement aux mêmes conclusions que mon honorable confrère M. Berryer. Je ne pourrais plaider pour vous qu'en faisant remonter mes attaques jusqu'au pouvoir qui vous a mis en dehors de la loi. Votre cause en souffrirait mortellement, et je la crois trop bonne pour la compromettre. J'ai l'espérance de vous voir réussir; la cour ordonnera très certainement une nouvelle expertise, peut-être vous acquittera-t-elle d'emblée; mais je ne puis être celui qui aura l'honneur d'obtenir ce résultat. J'ajoute que les nombreux travaux dont je suis surchargé m'empêcheraient de donner à votre défense le temps et les soins qu'elle réclame. Je suis fort peiné de vous transmettre une semblable résolution; elle m'est dictée par de mûres réflexions et par le sentiment très vif de votre intérêt et des exigences de ma situation personnelle.

Je vous prie, monsieur, de recevoir l'expression de mes regrets et des vœux sincères que je forme pour le succès de votre cause.

JULES FAVRE.

Ce 20 février 1862.

Je n'ajouterai pas un mot à cette lettre qui exprime l'opinion de deux hommes éminents sur le caractère méprisable des poursuites dont j'étais l'objet.

Je dois pourtant revenir au certificat délivré par M. J. Favre au fils Chaix d'Est-Ange ; je dois ajouter cette supposition : que M. Favre ne savait pas que sa lettre serait inscrite dans un arrêt et qu'elle servirait de prétexte pour m'outrager !

J'en appelle à M. J. Favre lui-même. N'a-t-il pas agi avec un laisser-aller regrettable, en se faisant indirectement mon accusateur? A-t-il été prudent en jugeant des faits qu'il ne connaissait pas et en se prononçant contre un honnête homme qu'il n'avait pas entendu? Il a cédé évidemment aux obsessions d'une ancienne camaraderie, oubliant que son témoignage serait invoqué contre un homme qui, au mépris de tous ses droits, ne peut obtenir une vérification qui attesterait que nul ne fut jamais plus attentif aux règles de l'honnêteté, ni plus sévère observateur des lois impérieuses du mandat?

Ici s'arrête la partie des conclusions relatives à l'escroquerie organisée par le fils et à la *prévarication* commise par le père, conclusions déposées à la barre du tribunal et devant la Cour, conclusions par lesquelles j'ai offert de faire la preuve. Le tribunal et la Cour n'ont pas voulu admettre cette preuve, et ont fait obstacle à la démonstration irrécusable du crime de *prévarication* commis par l'ancien procureur général.

§

Je passe à la démonstration du crime de *forfaiture*.

Nous sommes aux premiers jours d'avril 1861, l'escroquerie a été consommée en décembre 1860 par le fils Chaix d'Est-Ange. L'avocat Senard et lui ont reçu 50,000 francs sur lesquels 10,000 auraient, dit-on, été restitués à Pontalba.

Du mois de décembre, où fut consommé l'acte d'iniquité, au mois d'avril, où sera accompli le crime de forfaiture, quatre mois se sont écoulés, je les ai en partie passés au secret à Mazas.

A ce moment, dans les premiers jours du mois d'avril, se placent les attestations protectrices de MM. de Germiny et Izoard! C'est alors que ma perte est résolue, elle est indispensable pour assurer l'impunité de ceux qui m'ont poursuivi.

Dans ce but, une première tentative est faite; l'ancien procureur général veut la mise en faillite de ma Société! Mon déshonneur commercial lui est nécessaire! Il rencontre la résistance de MM. de Germiny et Izoard!...

Cet échec ne le décourage pas, et n'ayant pu obtenir la faillite, il a recours à la *forfaiture* et aux *faux* pour me frapper du déshonneur indispensable à sa sécurité et à la sécurité de son fils.

M. Chaix d'Est-Ange père, conteste-t-il la volonté de me mettre en faillite? Je l'avertis que je suis en mesure de faire la preuve de cette félonie de sa part.

Je reviens à la *forfaiture*; voici en quels termes, dans mes conclusions, j'ai offert, en vain, au Tribunal et à la Cour la preuve de ce crime.

12e articulation. — Que Mirès manifestait l'intention d'attaquer les auteurs et complices de cette extorsion obtenue par d'abominables moyens; que le procureur général, effrayé de cette intention, a voulu la perte de Mirès.

13e articulation. — Que, préparée par les propos menaçants que ce magistrat a tenus contre Mirès, propos qui seront affirmés par témoins, cette perte a été effectuée par l'arrestation faite le 17 février 1861.

14e articulation. — Que cette arrestation opérée, M. de Germiny, nommé administrateur judiciaire, et M. Izoard, délégué par le ministre des finances, ont ensemble dressé l'inventaire et constaté l'existence intacte du capital et la régularité des opérations.

15e articulation. — Qu'à la suite de cette constatation, une ordonnance de non-lieu allait être rendue; que le procureur général y fit obstacle et forma dès lors le projet de faire Mirès coupable à tout prix, afin d'échapper aux responsabilités qui menaçaient d'une honte méritée le procureur général et son fils.

§

Le point est précis : le juge d'instruction M. Daniel a-t-il voulu ou n'a-t-il pas voulu rendre une ordonnance de non-lieu? Telle est la question. J'affirme que cette ordonnance était dans sa volonté, qu'elle résultait du néant des accusations formulées dans la dénonciation Pontalba; elle résultait surtout de l'état des choses; elle résultait enfin de la probité de ma gestion et des attestations de MM. le comte de Germiny et Izoard.

A cet égard il ne saurait y avoir de discussion possible. Aucune échappatoire ne peut suppléer à cette question : J'ai menti ou j'ai dit la vérité; et je renouvelle la question : Oui ou non, M. Daniel a-t-il voulu rendre une ordonnance de non-lieu? Je réponds : Oui. L'ancien procureur général sait que la preuve offerte sera faite. Aussi, ne pouvant me contredire, il a recours à une équivoque; elle est si grossière, elle est si facile à dissiper qu'on se demande comment des magistrats expérimentés se sont trompés au point d'inscrire cette équivoque dans un arrêt.

Avant de reproduire la défense de M. Chaix d'Est-Ange sur cette accusation de forfaiture, je dois rappeler qu'au moment où s'accomplit ce crime, c'est-à-dire vers les premiers jours d'avril, MM. de Germiny et Izoard étaient en possession de mes livres depuis mon arrestation, opérée le 17 février 1861; de sorte, qu'ils avaient employé six semaines à leurs investigations et à la confection de l'inventaire. Ces investigations et cet inventaire furent terminés à la fin du mois de mars, et ce fut à la suite de ces investigations, qu'au commencement d'avril, M. Daniel, le juge d'instruction, résolut de me rendre à la liberté en prononçant une ordonnance de non-lieu. Il n'y a donc pas d'équivoque possible. L'ordonnance dont je parle est du mois d'avril 1861.

Voici cependant en quels termes M. Chaix d'Est-Ange repousse ce crime de *forfaiture*. Je cite et puise dans l'arrêt :

Considérant que déjà cette articulation s'était produite *le 5 juillet 1861*, lors des premiers débats en police correctionnelle de première instance de la Seine.

C'est absolument faux; rien, absolument rien, ne s'est produit à l'audience du 5 juillet, ni à aucune audience, relativement à l'ordonnance de non-lieu que voulait rendre M. Daniel, juge d'instruction, et je le démontrerai tout à l'heure avec la lettre même de M. Cordoën, qu'invoque M. Chaix d'Est-Ange.

Je reviens à l'arrêt. Il ajoute :

Que le lendemain 6 juillet M. Cordoën, alors procureur impérial, envoie au président une lettre dans laquelle il déclare « que Mirès

» n'avait été appelé chez lui, *le lundi 17 décembre,* que pour recevoir
» communication de la décision qui transformait la saisie de ses livres
» en sequestre, lui permettait de continuer les affaires de sa maison
» pendant les préliminaires de l'instruction ; — qu'il affirmait en outre
» que Mirès, ayant fait allusion aux négociations qui se poursuivaient
» depuis la veille pour sa transaction avec Pontalba, il s'était hâté de
» lui dire *qu'une transaction, quelle qu'elle fût,* ne pouvait exercer
» aucune influence sur l'issue des poursuites..... que loin de pouvoir
» emporter aucune espérance sur l'abandon de la procédure, Mirès ne
» s'était tiré de cette entrevue, à laquelle assistait M. le juge d'instruc-
» tion Daniel, qu'après avoir reçu l'invitation de comparaître le lende-
» main dans le cabinet de ce magistrat pour y subir son interroga-
» toire. »

Après la reproduction de cette lettre, la Cour ajoute :

Qu'une telle lettre émanée d'un magistrat dont le nom honoré est
resté au-dessus de toutes les attaques, écrite dans de telles circonstances, dans une forme si précise, ne peut laisser place à aucun doute.

Considérant, qu'en effet, ajoute l'arrêt, ce fut le lendemain *18 décembre,* à huit heures du matin, que Mirès subit son premier interrogatoire.

§

J'en suis bien fâché pour les magistrats qui ont signé cet
arrêt, mais ils ont été audacieusement dupés par M. Chaix
d'Est-Ange. Voici d'abord les termes de la lettre de M. Cordoën :

Monsieur le président,

A votre audience d'hier, M⁰ Plocque a entretenu le Tribunal de la
déclaration de M. Avond ; il en a loyalement désavoué les insinuations,
les réticences...

Loin d'avoir désavoué ses paroles, la preuve est dans mes
mains, M⁰ Plocque, à la lecture de cette lettre, se lève, pro-
teste et déclare qu'il maintient ce qu'il a dit et qu'il n'a rien
à désavouer.

Qu'avait dit M⁰ Plocque ? Il tenait de M. Avond et de moi-
même qu'en *décembre,* lorsque le ministre de la justice,
M. Delangle, conseilla de payer Pontalba, ce ministre avait
engagé son honneur que les poursuites cesseraient; il avait

dit textuellement : « Ma parole vaut mieux qu'une ordonnance de non-lieu. »

Voilà ce qu'avait rappelé M° Plocque; voilà à quelles circonstances il avait fait allusion. Mais quant à l'ordonnance de non-lieu résolue en avril 1861, par M. Daniel, il n'en fut pas dit un mot, je le répète, ni à cette audience du 5 juillet, ni à aucune autre.

On se demande avec étonnement comment les magistrats de la chambre des appels, qui ne sont appelés aux fonctions qu'ils exercent qu'en raison de leur grande expérience, et après avoir traversé le parquet et l'instruction, comment, dis-je, ces magistrats ont pu adopter l'équivoque frauduleuse par laquelle M. Chaix d'Est-Ange tente d'échapper à l'accusation de forfaiture? Il suffisait, cependant, de lire les débats, d'interroger les pièces, pour reconnaître que la discussion qui eut lieu le 5 juillet 1861 devant le tribunal, était complétement étrangère à l'ordonnance de non-lieu que voulait rendre le juge d'instruction en avril.

Cette discussion du 5 juillet reposait sur la transaction du 17 décembre, à la suite de laquelle j'avais demandé, préalablement à tout payement, une ordonnance de non-lieu, ordonnance destinée à garantir les intérêts que je défendais; M° Mathieu avait été chargé de faire au garde des sceaux la demande de cette ordonnance. Enfin, j'ai écrit et répété mille fois qu'à cette demande le garde des sceaux, M. Delangle, avait répondu « que sa parole valait mieux qu'une ordonnance de non-lieu, et que je pouvais payer avec sécurité ! »

Voilà le fait auquel se rapporte la lettre de M. Cordoën !

Et aujourd'hui M. Chaix d'Est-Ange, par une ruse perfide, et trompant la justice, confond l'ordonnance de non-lieu demandée le 17 décembre 1860, avec l'ordonnance de non-lieu résolue en avril 1861 par M. Daniel, juge d'instruction !

Ai-je besoin de faire remarquer que les articulations 12, 13

14 et 15 n'ont aucun rapport avec le débat qui eut lieu le 5 juillet 1861 ? Ces articulations se rapportent toutes à la question de forfaiture et à l'ordonnance de non-lieu que voulait rendre le juge d'instruction. C'est à cette époque, en avril 1861, que se placent les faits articulés sous les numéros 12, 13, 14 et 15, et nullement au mois de décembre 1860. En décembre 1860, je n'étais pas arrêté ; alors, ni M. de Germiny, ni M. Izoard ne songeaient qu'ils seraient un jour chargés des intérêts de la Caisse des chemins de fer.

En résumé, si M. Chaix d'Est-Ange n'est pas coupable de forfaiture, s'il n'a pas empêché l'ordonnance de non-lieu que voulait rendre le juge d'instruction, qu'il admette alors la preuve et je m'engage à la fournir. Je démontrerai de la sorte la vérité de mon affirmation, et je donnerai la preuve de son crime !

Et pourquoi aujourd'hui essaye-t-il de tromper la justice sur l'obstacle qu'il a opposé en avril 1861 à l'ordonnance de non-lieu ? Pourquoi ? Parce que la forfaiture explique en même temps les faux et la connivence du père et du fils dans la spoliation commise par Pontalba ; spoliation si justement qualifiée par le tribunal civil, lorsqu'il a dit : qu'elle avait été accomplie « par la fraude et la violence. »

Il est constant que le procureur général, par ses actes, se trouvait forcément entraîné dans la voie du crime. Sa sécurité voulait que je fusse coupable ; il fallait que je fusse condamné pour étouffer à jamais ma voix et mes revendications !

§

Par conséquent, après la prévarication et la forfaiture devait nécessairement venir le crime de faux !

Ce crime est indispensable à la sécurité du procureur général, il l'accomplit ! Ma plainte révèle ce crime et mes

conclusions le montrent; j'en offre la preuve. Voici ces conclusions :

16e articulation — Que dans ce but, (faire Mirès coupable), il a
voulu que l'expertise confiée à MM. Izoard et Van Hymbeck plus par-
ticulièrement, fût faite exclusivement par le sieur Monginot.

17e articulation — Qu'il n'a signifié à Mirès ni la retraite de
M. Izoard, ni l'exclusion de M. Van Hymbeck de l'examen des faits
constitutifs des délits flétrissants d'abus de confiance et d'escroquerie.

18c articulation. — Que l'expertise a été combinée entre le procureur général et l'expert Monginot; qu'ils ont à eux deux créé, fabri-
qué les ventes et les bénéfices mensongers devant servir de base à la
condamnation de Mirès.

19e articulation — Que le procureur général a employé des manœuvres multiples pour empêcher que Mirès et ses avocats connus-
sent ces prétendues ventes et ces prétendus bénéfices consignés dans
une pièce *indépendante de l'expertise.*

20e articulation. — Que ces manœuvres ont été renouvelées en
appel devant la Cour, pour empêcher la vérification de l'expertise frauduleuse arrêtée en commun entre le procureur général et l'expert
Monginot.

§

A ces articulations, que répond M. Chaix d'Est-Ange et
que dit l'arrêt?

A l'égard de l'expertise, l'ancien procureur général et l'arrêt reconnaissent qu'elle a été faite par un seul expert! Pour
justifier cet abus, M. Chaix d'Est-Ange invoque l'arrêt de la
cour de Douai qui a reconnu la validité de l'expertise.

Il ne s'agit pas de validité, il s'agit ici des faits. L'ordonnance du juge disait que l'expertise serait faite par trois ex-
perts, et contrairement à cette prescription légale, le procureur général a voulu que l'expertise fût confiée au sieur
Monginot seul! Il fallait bien un agent entièrement à lui pour
fabriquer des faux à son profit!

A l'égard de la complicité du procureur général dans la fa-
brication de l'Annexe, c'est-à-dire des ventes et des béné-

fices, constituant les faux, M. Chaix d'Est-Ange et l'arrêt gardent le silence.

Mais, retournant la difficulté, l'ancien procureur général d'accusé se fait accusateur et il prétend que dans un interrogatoire du *18 décembre 1860*, j'ai reconnu les ventes faites à de hauts cours. Mais à ce moment, il n'y avait ni expertise, ni annexe ; la question était générale, et je disais que si les titres remis en compte courant, ont été vendus par la Société à des prix élevés, ces ventes avaient été faites à ses risques et périls.

Qu'y a-t-il de commun entre cette déclaration de décembre 1860 et les prétendus bénéfices inscrits dans l'*Annexe* quatre et cinq mois plus tard, en avril et en mai 1861? Comment, aurais-je pu, en décembre 1860, démentir les bénéfices consignés dans une pièce qui n'existait pas ?

Du reste, le délit d'escroquerie, effacé par la Cour de Douai, et que M. Chaix d'Est-Ange était parvenu à faire adopter par les juges de Paris, ne repose pas sur les ventes faites; le jugement si cruel du 11 juillet 1861, rédigé par M. Massé, est formel; voici le considérant relatif aux ventes : « Attendu... que le créancier nanti qui dispose » du gage et en réalise la valeur, même irrégulièrement, » ne se rend pas coupable d'un délit... »

Où donc est le délit, s'il n'est pas dans la vente ?

Il est dans les manœuvres employées pour s'approprier les bénéfices provenant de ces ventes ! Où sont ces bénéfices ? Est-ce dans les livres et documents sociaux ou particuliers ? Nullement, ils ne sont nulle part. Ils sont dans l'*Annexe !* Ils sont de pure invention, ils constituent le crime accompli par les faussaires Chaix d'Est-Ange et Monginot.

§

A l'égard de la dissimulation de l'Annexe, M. Chaix d'Est-Ange et l'arrêt disent : « Durant ses interrogatoires et devant le tribunal, le juge d'instruction, comme le président, ont fait porter la discussion sur les détails contenus dans l'Annexe; par conséquent, cette Annexe était connue.»

Le juge d'instruction et le président disaient que les ventes qu'ils signalaient étaient puisées dans les livres sociaux; quelle objection pouvais-je faire? Pouvais-je deviner que le juge d'instruction et le président étaient eux-mêmes trompés par l'expert et le procureur général? Juge et président parlaient de ventes, mais ils ne disaient pas non plus que ces ventes et ces bénéfices étaient consignés dans une Annexe indépendante de l'expertise.

Ainsi, M. Chaix d'Est-Ange a fait sciemment insérer dans l'arrêt du 15 juin une altération évidente de la vérité, en faisant affirmer par la Cour que l'Annexe était connue de la défense.

Non, mille fois non! elle n'était pas connue; je le répète, le juge d'instruction et le président du tribunal correctionnel, soutenaient que les bénéfices consignés dans l'expertise étaient puisés dans les livres sociaux; ils le croyaient, et croyant moi-même à ces déclarations, je répondais en conséquence aux questions qui m'étaient adressées.

Voilà ce que M. Chaix d'Est-Ange appelle des aveux! Voilà comment il veut faire admettre que l'Annexe n'a pas été dissimulée.

M. Chaix d'Est-Ange altère encore la vérité en faisant insérer dans l'arrêt que, devant la Cour de Douai, j'ai avoué avoir eu connaissance de l'Annexe; il ment et je le prouve :

M. Chaix d'Est-Ange fait dire à la cour que l'Annexe et le rapport étaient au greffe à ma disposition, *mais sans déplacement.*

Or, le rapport a été signifié et l'Annexe ne l'a pas été; de sorte que, n'étant jamais allé au greffe, je n'ai pu prendre connaissance de l'Annexe.

Pour démontrer que cette pièce a été dissimulée, j'ai, dans ma plainte à S. Exc. le garde des sceaux, non-seulement précisé les précautions prises durant l'instruction dans ce but, mais j'ai, en outre, produit trois pièces qui attestent que l'Annexe m'était inconnue, ainsi qu'à mes conseils. De ces trois pièces, il en est deux qui émanent de mes avocats, Me Mathieu et Me Plocque. Ces pièces si concluantes, je les reproduis :

LETTRE DE Me MATHIEU

Ce que je puis affirmer, c'est que *je n'ai ni vu ni étudié l'Annexe principale pendant les longs jours et les longues heures que j'ai consacrés à l'examen de cette affaire.*

LETTRE DE Me PLOCQUE

Lorsque l'avant-veille de la plaidoirie dans l'affaire Mirès, je fus obligé d'accepter à l'improviste sa défense, je commençai l'étude du procès par la lecture du rapport, et je fus immédiatement frappé de la *nécessité* d'avoir à ma disposition l'*Annexe principale.*

Je la fis demander à M. Mirès ; *il ne l'avait jamais eue.* Un de mes confrères, qui m'assistait dans ce travail forcé et rapide auquel j'étais obligé de me livrer dans mon cabinet, fut chargé par moi de se rendre au greffe pour prendre des notes sur cette pièce. *Elle ne s'y trouvait plus ;* on la chercha dans le dossier qui, à l'audience, était mis à ma disposition ; *elle n'y était pas davantage.* Emporté par le temps et les préoccupations de toute nature qui m'assiégaient, je dus passer outre et *renoncer à consulter un document qui me paraissait seul pouvoir expliquer les calculs, les consultations, les conclusions de l'expert.*

De ces deux attestations M. Chaix d'Est-Ange ne dit rien ; il s'arrête à la troisième attestation délivrée par M. Larousse, greffier ; elle est ainsi conçue :

Reçu de M. Mirès la somme de   pour copie de l'Annexe principale du rapport Monginot. demandée le 20 juillet dernier et délivrée fin juillet.

Signé : LAROUSSE.

Ainsi que je l'ai dit, l'arrêt déclare que l'Annexe n'a pas été déplacée du greffe, et le reçu qui précède prouve que je n'en ai demandé la copie que le 20 juillet ! Je ne pouvais donc en avoir connaissance neuf jours avant, le 11 juillet, date de ma condamnation.

C'est évident. L'arrêt m'injurie donc gratuitement lorsqu'il dit que *je dénature les faits de mauvaise foi* en fournissant comme preuve le reçu de M. Larousse, et sans doute aussi en produisant les attestations de Mes Plocque et Mathieu !

Mais, en réalité, si cette Annexe ne m'a pas été dissimulée, si elle n'est pas un réceptacle de faux, pourquoi ne pas me confondre, en accordant la vérification que je sollicite en vain depuis si longtemps?

Que reste-t-il de cette réponse destinée à protéger l'honneur de l'ancien procureur général et celui de son fils? Il reste à MM. Chaix d'Est-Ange la honte d'avoir fourni une preuve plus évidente encore de l'escroquerie du fils, de la prévarication, de la forfaiture et des faux du père.

L'enquête que ma pétition provoque dira si je suis un audacieux imposteur, ou si, comme je l'affirme, MM. Chaix d'Est-Ange père et Monginot sont des faussaires !

CONCLUSION

Ce récit des iniquités judiciaires que j'ai subies, cette discussion de l'arrêt rendu le 15 juin dernier en faveur de l'ancien procureur général, M. Chaix d'Est-Ange ; et enfin les pièces jointes à ma pétition, feront la conviction du Corps législatif.

J'ai accusé cet ancien magistrat, aujourd'hui sénateur, de crimes qualifiés accomplis, contre moi pour couvrir la faute que lui et son fils ont commise en secondant l'escroquerie Pontalba ; mes accusations, je les maintiens, je les démontre et je l'espère, votre concours, Messieurs, est assuré à la plus juste des causes.

Vous considérerez, Messieurs les Députés, que, pour obtenir la vérification des pièces fausses fabriquées par MM. Chaix d'Est-Ange et Monginot, j'ai vainement épuisé, depuis dix ans, tous les degrés de juridiction. Durant cette utte sans trêve, je n'ai jamais pu, au mépris de la loi et de la justice, obtenir cet examen qui est l'objet de mes vœux ardents, car il fera la lumière !

Ma dernière espérance est en vous, Messieurs les Députés ; cette espérance ne sera pas trompée. L'esprit d'équité qui vous anime m'en est un sûr garant. Vous voudrez savoir la vérité, et vous la direz.

Hélas ! dans la disposition douloureuse de mon esprit, je n'ose pas entrevoir une dernière iniquité ; car il y aurait véritablement danger à condamner un homme à vivre dans une honte imméritée, et à n'attendre que de lui-même la justice que son honneur lui fait un devoir impérieux de réclamer et d'obtenir.

Daignez agréer, Messieurs les Députés, l'expression des sentiments de profond respect de votre très humble et très obéissant serviteur,

J. MIRÈS.

Paris, le 12 juillet 1870.

Paris. — Imprim. L.c SERRIERE, rue Montmartre, 128.

PIÈCES JUSTIFICATIVES

Paris. — Imprimerie SERRIERE et C°, rue Montmartre, 123.